# CAMINO SIN
## PUNTO FINAL…
*Inspiración a 2,386 millas lejos de casa*

Tania M. Gandía González

Reservados todos los derechos. No se permite la reproducción total o parcial de esta obra, ni su incorporación a un sistema informático, ni su transmisión en cualquier forma o por cualquier medio (electrónico, mecánico, fotocopia, grabación u otros) sin autorización previa y por escrito de los titulares del copyright, excepto breves citas y con la fuente identificada correctamente.. La infracción de dichos derechos puede constituir un delito contra la propiedad intelectual.

El contenido de esta obra es responsabilidad del autor y no refleja necesariamente las opiniones de la casa editora. Todos los textos e imágenes fueron proporcionados por el autor, quien es el único responsable por los derechos de los mismos.

Publicado por Ibukku, LLC
**www.ibukku.com**
Diseño de portada: Giuliana Funkhouser
Diseño y maquetación: Diana Patricia González Juárez
Copyright © 2023 Tania M. Gandía González
ISBN Paperback: 978-1-68574-651-3
ISBN Hardcover: 978-1-68574-653-7
ISBN eBook: 978-1-68574-652-0

# Índice

| | |
|---|---|
| Sobre la autora | 5 |
| Introducción | 7 |
| Dedicatoria | 9 |
| Prólogo | 11 |
| Querida Vida | 15 |
| La huella | 16 |
| De donde vengo… | 17 |
| Poesía… | 21 |
| "Ánimo… levántate" | 22 |
| El Amor | 23 |
| Lo incierto de la vida | 24 |
| Me enseñaste | 25 |
| Decisiones | 27 |
| El reloj | 28 |
| La luna llena | 29 |
| Tengo ganas de ti…. | 33 |
| Páginas que cuentan historias | 34 |
| El reto de la vida | 36 |
| Un ser especial | 37 |
| Momentos… | 38 |
| Balance | 39 |
| Huracán María | 40 |
| Siente y vive | 41 |
| Porque… | 42 |
| A ti | 45 |
| La naturaleza de San Luis Potosí, México | 46 |
| No solo se vive una vez | 47 |
| Equivocarse | 48 |
| Hoy | 49 |
| La vida… | 50 |
| Todo va a estar bien | 51 |
| Abuela | 52 |

| | |
|---|---|
| Destino | 53 |
| Insomnio... | 57 |
| Querer, pero no hacer | 58 |
| Hay que saborearse la vida... | 59 |
| Un amigo | 60 |
| Las etapas de la vida | 61 |
| El tesoro de la naturaleza | 62 |
| El tiempo corre como corren las aguas de un río... | 63 |
| Juventud | 64 |
| El trance: entre la vida y la muerte | 67 |
| Fuera de mis manos | 69 |
| Ironías... | 70 |
| Vivir la vida | 71 |
| El tiempo pasa | 72 |
| ¿Conformarse o no conformarse? | 74 |
| Más allá de la meta, hay un camino | 75 |
| COVID-19 | 76 |
| Días oscuros, intensos… | 77 |
| … | 79 |

## *Sobre la autora*

Tania M. Gandía González nació en Mayagüez, Puerto Rico el 8 de junio de 1989. Desde pequeña comenzó a escribir en su tiempo libre, cursando intermedia en el Colegio San Miguel, de Utuado, y, más adelante, escuela superior en el Colegio Ponceño, de Ponce.

Completó su bachillerato en la Universidad de Puerto Rico, recinto de Río Piedras y no es hasta que emprendió sus estudios en medicina en Guadalajara, México, cuando inició esta obra literaria, a miles de kilómetros de su tierra. Tras concluir su carrera en medicina, hoy día ejerce su profesión en el municipio de Arecibo, Puerto Rico.

## *Introducción*

Esta compilación de pensamientos fue inspirada en vivencias de muchas personas, amigos, familiares, conocidos y experiencias propias.

Fueron pruebas de vida, como muertes de familiares, divorcios, separaciones de amigos, fracasos, dudas, temores, momentos difíciles, pero también amores nuevos, experiencias enriquecedoras, logros, victorias y metas cumplidas que, en conjunto, trastocaron nuestros entornos y nos hicieron crecer como seres humanos.

Se trata de los altibajos que todos frecuentamos con sus tonos grises y matices, pero siempre encontrando la luz al final del camino.

El libro es el resultado de la inspiración que nació, mayormente en Guadalajara, México, a 2,386 millas lejos de lo conocido, de la familia, del "comfort zone"; desde allá donde se apreciaban más esos días que compartíamos en familia, los pequeños detalles, esos que no nos damos cuenta cuando lo tenemos todo a pocos minutos.

Los invito a leer esta pieza literaria en la que abro el espacio para que conozcan un poco de mí.

## *Dedicatoria*

Este libro va dedicado, primeramente, a Dios, quien puso en mí esa semilla literaria, motivo de inspiración para muchas otras personas.

Va dedicado a cada ser que me inspiró en el camino, amigos, familia extendida; va dedicado a la vida, esa que vamos enfrentando mientras pasan los minutos... va dedicado a las experiencias que nos hacen crecer.

En especial, va dedicado a mis dos grandes ángeles: mis abuelas Nana y Aba. Esas que me enseñaron a apreciar cada detalle, a luchar en la vida y a valorar la familia. También va dedicado a mis padres y hermanas, quienes siempre han sacado tiempo para leer mis escritos e impulsar mi creatividad. Todos han sido pieza clave para la realización de este proyecto.

Por último, y no menos importante, dedico este libro al amor de mi vida, quien cada día me motiva a ser mejor, a apreciar los pequeños momentos y a disfrutarme la vida.

# *Prólogo*

Entrar al mundo de la literatura, en cualquiera de sus manifestaciones, debe ser semejante a cuando un médico entra a la sala de operaciones. Ciertamente, son espacios distintos, pero no se excluyen uno al otro; más bien pueden ser complementarios. Como en este caso. Conozco a la autora de estos textos, de quien tuve el privilegio de ser su maestro en la escuela superior y de quien guardo gratos recuerdos por haber sido de esas estudiantes que, más que una alumna, se convirtió en una amiga. Colaborar con ella en este proyecto literario, es realmente un placer; por ser ella y por participar de un campo que me apasiona como profesor de español. Quisiera compartir con el lector algunas impresiones que he recogido a través de la lectura de este libro; otras, las puede hacer el lector mismo, reconociendo que la literatura es plurisignificativa, subjetiva, y llega a nuestro intelecto por muchas vías, por caminos de vivencias, por senderos de experiencias, por tramos de convivencias, por atajos de emociones... a través de la vida misma.

Algunos de los elementos sobresalientes de este texto incluyen, de entrada, un anhelo de autodefinición, de presentar sus raíces, sus orígenes con orgullo, con empatía, con solidaridad. *De donde vengo,* recoge esa necesidad de compartir ese punto de partida como ser humano, identificando elementos precisos que forman parte de su recuerdo y de lo que ha sido el trabajo de la vida en su vida: *"De donde vengo, aprendí a vivir diferente; no sé mi rumbo, pero espero ir dejando mi huella, mis ansias, mi pasión en cada paso, cada lugar y cada persona, y así seguir experimentando, viviendo, sintiendo...".* Así, entra al mundo de los versos. Entiende lo que la poesía puede llegar a ser en la psiquis de una persona; se entrega a esa pasión haciendo el señalamiento de que es algo personal, que para sentirlo hay que vivirlo: *"no podrías ni siquiera comprender lo que uno siente al simplemente escribir una bella poesía".*

Y en este mundo especial encuentra lo que es inevitable: el amor. Lo define, lo aclara, lo interpreta a su manera a través de una amalgama de emociones que, a su vez, la catapultan a la búsqueda de la plenitud, de la entrega total, del apoyo incondicional, de la confianza plena como requisitos para amar: *"Amar es arriesgarse a todo, darse por completo, confiar ciegamente; es dar sin recibir, es sentirse pleno. Amar es andar por el cielo caminando en la tierra. Es sonreír sin motivos... es vivir por un motivo"*.

Otros temas forman parte de esta experiencia literaria. De ellos sobresalen, cual pétalos de una misma flor, aspectos como la motivación, la superación; no solo personal, sino a modo de enseñanza compartida, de consejo solidario; de esperanza de vida: *"cada mañana comienza con un nuevo amanecer"*.

Y lanza, a su vez, un reto: *El reto de la vida*, con la expectativa de que podemos reconocer nuestras caídas, con la capacidad de ponernos en pie nuevamente y continuar viviendo. *Lo incierto de la vida*, presenta a su vez, esos momentos que siempre llegan cargados de frustraciones, de dolor e incertidumbre, pero sin perder la esperanza de ese *nuevo amanecer*. En este proceso, el tiempo tiene un espacio vital. Todo tiene su momento; todo ocurre en ese preciso instante donde se evalúa nuestra existencia, cuando entendemos que a veces *"La vida se nos queda corta"*, cuando tenemos que tomar decisiones para ir escribiendo el libro de nuestra vida con *Páginas que cuentan historias*, haciendo un recorrido desde la niñez, de manera progresiva, consciente de que somos esas manecillas del reloj que no se detienen.

*Momentos*, recoge esa exaltación a disfrutar los detalles; las pequeñas cosas que nos hacen felices: *"una mirada, una caricia"*; momentos que disfrutamos con los que, en conjunto, forman la esencia de nuestras vidas. Y el equilibrio, el balance que debe producirse en todos los aspectos de la vida para alcanzar esa plenitud que buscamos constantemente, se percibe a través de las líneas de *Balance*, donde se observa la vida como ese fluir constante de emociones diversas, complejas y, hasta misteriosas. Durante el trayecto, en ese caminar, se hace imperativo evaluar, sobrepesar, llegar a un equilibrio entre el pasado, nuestro presente e incierto futuro: *"Pero todo es parte de un balance, de un crecimiento, de un sentir que llamo esencia"*.

A partir de este momento exhorto al lector a seguir auscultando en las líneas de este trabajo literario; creado con una emoción particular, con una claridad de ideas, sencillez retórica y profunda sensibilidad ante la vida. En efecto, lo plantea la propia autora al señalar que *"Se trata de los altibajos que todos frecuentamos con sus tonos grises y matices, pero siempre encontrando la luz al final del camino"*. De este modo nos podemos ver identificados en una que otra imagen, pues, al fin y al cabo, todos somos parte de este tren al que llamamos VIDA.

Nelson Rodríguez

## *Querida Vida*

Aquí te dejo algunas letras por si tu enemigo me sorprende y quizá quieras hablarles a otros de mi nombre. Te doy las gracias por haberme enseñado tanto; por las risas interminables, las lágrimas incontables, las grandes caídas, los increíbles logros y los pequeños detalles.

Muchas veces te culpé, me enojé y no entendí que tú solo eras una intermediaria, un camino, y era yo quien decidía cómo hacer más ameno mi paso por tus sendas.

Comprendí que nada dura para siempre; que lo que duele te enseña, lo que te reta te hace más fuerte y que el amor llena a plenitud. Entendí que te basas en momentos; los momentos en instantes y de instantes se crean las memorias.

Aprendí sobre la bondad, el perdón, el cariño, la esencia de una persona... Pero también conocí la maldad, el egoísmo, la traición, me vi caer y me encontré con la soledad.

Hoy me detengo, suspiro, observo la intensidad en ti, la plenitud que conllevas; sonrío, pasa otro segundo y continúo conociéndote un poco más. ¡Gracias, Vida!

Con amor,<br>
El Alma

## *La huella*

Te has preguntado alguna vez, ¿cuánto podrías impactar en la vida de alguien más? Tus palabras, gestos y forma de ser pueden ser de gran ayuda para otro ser humano. En el transcurso de mi vida he aprendido que no sólo con una profesión llegas a ayudar a otro ser, sino que, con cada detalle, palabra, mirada, acciones, ¡haces tanto! De eso se trata la vida, de aprender de cada persona que se cruza en tu camino. También, de enseñarles que hay algo más allá, hay amigos verdaderos, hay gente humilde; gente a quien le importas, gente que quiere lo mejor para ti. Con el paso de los años te das cuenta de que nada pasa en vano, que las amistades surgen de la nada y que los mejores momentos llegan de imprevisto. Tantas lágrimas y risas, tanto significado en cada una de ellas... La vida, ¿qué más le puedo pedir a la vida?... si cuando lo pienso lo tengo casi todo y el "casi" se hace parte de mi emprendedor futuro.

## *De donde vengo...*

De donde vengo, conozco la fiesta que dura hasta el amanecer; conozco el bembé, pero también lo que es disfrutar de la soledad y el silencio. Y, ¡mira que dicen que soy callada! Lo que no saben es que mis ojos y mi mente no paran de recorrer mi ambiente.

De donde vengo, aprendí a reír a carcajadas y, cuando digo a carcajadas, quien me ha escuchado reír entenderá JAJA... Pero también aprendí a llorar hasta temblar...

De donde vengo, aprendí a valorar cada detalle, cosas que antes decía: "¿por qué hacer esto o aquello así?". Hoy digo: "¡Wow!, ¿cómo no hacerlo de esa forma?".

De donde vengo, aprendí a gozar cada segundo de vida, aunque hay días que se me complica esa situación. El lugar de donde vengo me enseñó a ser perseverante, luchadora...

De donde vengo, aprendí a gozar del campo y al mismo tiempo de la ciudad; aprendí que hay amigos para toda la vida, que los profesores pueden ser inspiración. Aprendí que hay palabras que te hacen suspirar, pero acciones que te hacen vibrar; aprendí que nadie llega por casualidad, aunque no sé por qué algunos se van, aprendí que hay cosas que "se caen de la mata", pero ¡mira que la gente tiene diferentes matas! Aprendí que muchas veces nos guardamos los sentimientos, para seguir "la vida normal". Aprendí que siempre llega algo bueno cuando estás mal y siempre algo malo cuando estás bien. Aprendí que la gente juzga, que es chismosa y envidiosa, pero claro está, hay quienes se inclinan por comportamientos más sanos y de bien.

Aprendí que lo opuesto se atrae, pero que también lo parecido se lleva bien. Aprendí que hace falta caerse, pero también confiar más la próxima vez. Aprendí que pocas cosas son fáciles, pero que vale la pena seguir pa' lante.

Aprendí que lo mejor que hizo Dios fue un día detrás de otro, como diría alguien muy especial. Aprendí que la familia es lo más importante, como bien me enseñó un ángel que tengo en el cielo. Aprendí que hay que soñar y ser ambicioso (de buena manera) para conseguir lo que quieres. Aprendí que quien te hace más fuerte es también tu mayor debilidad. Aprendí a correr y pelarme las rodillas, a nadar aunque una ola casi me ahogue; a jugar con fuego y quemarme. Aprendí que cada día se aprende algo, que una poesía me deleita, que buena música me anima, que un par de copas de vino me hacen hablar demás y que, cuando me pongo incordia, pocos me soportan...

De donde vengo, aprendí a vivir diferente; no sé mi rumbo, pero espero ir dejando mi huella, mis ansias, mi pasión en cada paso, cada lugar y cada persona, y así seguir experimentando, viviendo, sintiendo. Pues he aprendido tanto de la gente que quiero seguir conociendo mundo. Te confieso que también conocí el miedo y aún me asusta el no poder seguir viviendo de tal manera que suspire cada vez que escriba y sonría cada vez que mi memoria pueda recordar.

*Tu sonrisa me da paz*

## *Poesía...*

Poesía es amor a la vida,
creer en lo que haces,
vivir cada detalle,
valorar lo que de tu corazón nace.

Es dejar saltar la imaginación,
es dejar que las metáforas florezcan,
es abrir tu mente,
y dejar que en tu mundo un nuevo día amanezca.

Poesía es ver la lluvia como cristales,
que, de un mundo desconocido llegan,
para vaciar el equipaje,
para dejar volar las imperfecciones.

Poesía es que las palabras se expresen,
es ver un mundo diferente,
es dejar que todo fluya,
es hacerlo sutilmente.

Poesía es una mezcla de sentimientos,
es amor como coraje,
es alegría como tristeza;
es sentirlo todo y expresarlo como belleza.

Quisiera que entendieras,
lo que para mí es la poesía,
pero damas y caballeros,
aunque eso para mí sería,
algo grato y sorprendente,
no podrías ni siquiera,
comprender lo que uno siente,
al simplemente escribir una bella poesía.

## *"Ánimo… levántate"*

Sé que no estás pasando por una situación muy fácil, que las dudas corroen tu ser; sé que la indecisión no te deja concentrar, que piensas que la vida te ha pagado mal. Pero te pido que continúes, que no permitas que un mal momento defina tu vida. Levántate, sonríe, mira las cosas buenas que te hicieron sonreír en algún momento, analiza las cosas malas que te hicieron crecer hasta convertirte en el ser que eres hoy día.

Detente, voltéate y mira, ¿acaso ahora ves que todo hace sentido? ¿Acaso el no haber pasado el examen, el no haberte elegido para el trabajo, el conocer a personas buenas y malas no te hicieron madurar y ver la vida desde otro ángulo? Acaso el estar aquí, el leer este mensaje, el estar vivo, ¿no te hace ser agradecido con la vida? Lo que tú no sabes es que Dios obra cada segundo de tu vida. Cada meta lograda es Él quien está ahí; cada tropiezo es Él quien te da la fuerza. Porque lo que no sabes es que Él hace que hoy seas mi inspiración, que hoy permite que te mantengas respirando. Porque lo que no sabes es que de propósitos se basa la vida. Porque la vida es plenitud, es entrega, es valorar, apreciar, atesorar. Porque quizá hoy no fue un buen día, pero quizá eso hizo que pudiera escribir este pensamiento, y solo a lo mejor eso hará que mañana te levantes y te des cuenta de que, luego de cada noche que oscurece, ¡cada mañana comienza con un nuevo amanecer!

## *El Amor*

El amor es el sentimiento más noble y puro que puede sentirse hacia una persona. Amar es arriesgarse a todo, darse por completo, confiar ciegamente; es dar sin recibir, es sentirse pleno. Amar es andar por el cielo caminando en la tierra. Es sonreír sin motivos... es vivir por un motivo. Cuando amas, un abrazo lo es todo, un beso te hace vibrar... Amar es levantarse y sentirse vivo. Sentirse amado es volar con una mirada, es decirle todo con una caricia, es querer compartir con esa persona a diario; es sinceridad, comunicación, es querer que sepa todo de ti, es comprensión, es compartir tristezas y penas, es sacrificio, es regalar alegría y pasión, es algo íntimo y especial, al mismo tiempo público y natural; es ternura y cariño. Es una mezcla maravillosa la cual llamo amor.

## *Lo incierto de la vida*

La vida... Hoy estoy aquí, mañana quién sabe.
Hoy estoy sonriendo y mañana quizá llorando.
Hoy nace un ser humano, mañana quizá ya no esté.
Hoy agradezco lo que tengo, mañana quizá no tengo nada.
¡La vida, tan incierta que es la vida! Hoy me caso, mañana me divorcio; hoy te amo, mañana te olvido. Prioridades, sentimientos, rencores, amor, tristeza, felicidad, paz, amargura. Hoy escucho, observo y solo siento tristeza de cómo cambian las cosas. Siento como una raíz en mi pecho que estremece todo mi cuerpo, que aprieta y lastima. Hoy siento que todo es mentira, que mientras más luchas, más difícil se hacen las cosas; que mientras más amas, más sufres... No pongo en duda la grandeza y hermosura de vivir la vida, de cada caída y cada triunfo, de que cada golpe te hace más fuerte y cada fracaso una victoria más grande. No dudo de que la vida hay que vivirla a plenitud y que tengo miles de cosas que me hacen feliz por lo cual agradezco tanto. Simplemente hoy es uno de esos días que te sientas, piensas y te duele saber que algunas veces mientras más das, más te quitan. Solo puedo estar segura de que, aunque hoy me siento así, mañana será uno de esos días que me sentiré bendecida por toda una vida llena de experiencias, crecimiento y gente que me ama.

## *Me enseñaste*

Me enseñaste a sonreír,
cuando no quedaban fuerzas,
me enseñaste a levantarme,
cuando mi cuerpo no podía.

Me enseñaste a seguir,
cuando mi mente se negaba,
y me enseñaste a vivir,
cuando por mí me retiraba.

Me enseñaste a continuar,
cuando la vida se complicaba,
pero nunca me dejaste,
pues en ti me refugiaba.

Me enviaste pruebas,
que nunca pensé superar,
pero ciertos ángeles que enviaste,
me ayudaron a continuar.

Me extendiste tu mano,
cuando de la cama no quería salir,
pues era tanta la frustración,
que no quería vivir.

Me secaste las lágrimas,
cuando no dejaba de llorar,
y me diste tú el aliento,
que necesitaba para despertar.

Me diste calor,
cuando moría de frío;
fuiste mi sustento,
y me diste abrigo.

Me enseñaste a hacer veredas,
por donde no veía camino,
me enseñaste la luz,
por donde no veía claridad.

Me dijiste que podía,
aunque sin fuerzas me vi en mi andar,
no me desamparaste ni un minuto,
sino que me seguiste en mi caminar.

Me diste de comer,
cuando pensé moría de hambre,
me diste de beber,
cuando moría de sed.

A veces reflexiono,
de cómo llegué a este lugar,
y es cuando en ti pienso,
que me enseñaste a siempre continuar.

Porque la vida se trata de tropezar y aun así aprender a volar.

## *Decisiones*

La vida se basa en oportunidades que nos obligan a decidir a cada instante. Es una constante que, indiscutiblemente, nos provoca temores a victorias o derrotas. Pero hay una grandeza detrás de eso, ¡nos hace personas experimentadas! Y cada día, las repercusiones de nuestras decisiones se convierten en lecciones que nos ayudan a enfrentar nuestras pruebas de tú a tú.

Pero, ¡qué difícil es tomar una decisión! Esto se debe a un miedo innato a equivocarse, a fallar y aceptar un error, puesto que lo próximo es aún peor, el arrepentimiento de una decisión. Pero absolutamente todo en esta vida es relativo, todo depende del ángulo en que lo mires. La lección queda clara: ¿tomaste alguna decisión? No tienes por qué arrepentirte, pues esa fue la que quisiste en ese momento.

Y, ¿qué pasa si cometes un error? Si eso ocurre, ahí entra una de las partes más complejas de la vida, cuando te equivocas. No te molestes, no te frustres, pues ahí es que realmente estás aprendiendo; ahí es que comienzas a ver las cosas de otra manera. Una experiencia te hace madurar, te hace crecer, te hace distinguir entre lo bueno y lo malo, entre la responsabilidad y el ser conformista. Arriésgate, cuando quieras algo, ve por ello; obsérvalo, visualízalo y lánzate. No busques excusas, porque, claro, el tiempo es una excusa perfecta, pero cuando se quiere, se tiene que poder.

## *El reloj*

La vida se nos queda corta,
debemos reír más y llorar menos.

La vida se nos queda corta,
debemos salir más y dormir menos.

La vida se nos queda corta,
debemos arriesgar más y sufrir menos.

La vida se nos queda corta,
debemos sentir más y esperar menos.

La vida se nos queda corta,
debemos sentir el placer en su máxima potencia,
saborearnos los momentos; llorar pero de la risa, mojarnos en la lluvia...
A veces olvidamos que tenemos cinco sentidos, 24 horas en un
día, un mundo por conocer y un futuro incierto que emprender,
antes de que se acaben los días y se nos quede corta la vida.

## *La luna llena*

Y esa Luna es testigo de los días sin vela, de los días tristes y de los alegres. Esa luna que me inspira y hace que se me estremezcan las entrañas observándola. Esa luna que embellece lo que alumbra y quien la mira se contagia con su esplendor. Esa luna, luna pura, luna blanca, luna intensa. Esa luna, luna que irradia, luna que apasiona, luna que cambia… Esa luna, luna menguante, luna creciente y habrá más lunas, ¡pero ninguna como la luna llena!

*Los días lluviosos...*

## *Tengo ganas de ti....*

Ganas de que existas,
ganas de que estés presente,
ganas de verte,
ganas de que te quedes.

Tengo ganas de ti,
de tenerte junto a mí,
de que no me avises cuando te vas,
sino que siempre te quedes.

Tengo ganas de mirarte,
de besarte y abrazarte,
tengo ganas de que me mires,
y me digas "quiero amarte".

Tengo ganas de estar contigo,
de que tú estés conmigo,
tengo ganas de seguir,
seguir juntos haciendo camino.

Tengo ganas de amar,
de enseñarte tanto;
tengo ganas de que sientas,
lo que es darse por completo.

Tengo ganas de que esto no sea un sueño,
tengo ganas de hacerlo realidad,
tengo ganas de que aparezcas,
y que no todo sea tan normal.

Tengo ganas de sonreír,
viéndote llegar,
tengo ganas de vivir,
¡tengo ganas de ti!

## Páginas que cuentan historias

La vida es un libro abierto en donde tú desde que naces comienzas a escribir tu propio cuento.
En él hay partes tristes, hay otras felices, pero tú decides si hacer un cuento ficticio o interpretar un caso de la vida real.
Cada página implica días, historias, segundos que formaron parte importante en tu crecimiento. Si pudiéramos hacer un cuento 3D, solo trata de imaginar las risas a carcajadas que has vivido, las lágrimas que han brotado de tus ojos, las cosquillas por horas que te han hecho, los abrazos que has recibido, el amor que has brindado y la fuerza con la que te has levantado en momentos difíciles.

Trata de buscar en esa primera paginita cuando tu mamá te acariciaba mientras tú dormías en su vientre... luego sigue pasando las páginas. ¡Detente!... estás leyendo ese momento preciso cuando diste tu primer pasito en donde todos te miraban, aplaudían y te comenzaron a besar y abrazar. ¿Acaso recuerdas? Sí, ese momento cuando aprendiste a correr bicicleta o a nadar... ¡qué gran logro en ese instante!

Pasaron los días, meses y hasta años... tu libro ahora es grande y pesado, tiene un poco de polvo y páginas rotas, pues muchas veces el coraje invadió tu corazón; otras veces la tristeza no dejó que escribieras cosas bonitas y positivas, pero hoy decides sentarte, limpiar ese gran libro y seguir añadiéndole páginas nuevas.

Hoy te das cuenta que esa historia que has desarrollado, ese destino sigue brillando. Hoy, luego de tantas páginas, te das cuenta de que ese niño interior sigue estando ahí. Solo que los logros se han vuelto aún mayores, las metas más altas, los obstáculos han aumentado, pero al mismo tiempo tu tamaño, pues ya no eres el pequeñín que corría por la casa; también han crecido tus ganas, tus valores, tu fuerza y confianza. Ahora te sientes feliz de ver tu vida pasar de esa manera, leer cada chiste hecho, cada verso escrito, cada persona que pasó por tu vida y el impacto que causó...

Decides cerrar el libro, pero antes le pones un marcador a esa última página que dice "continuará" y en el marcador está escrito el mejor día de tu vida para que así lo recuerdes cada mañana y decidas revivir ese momento y pasar cada día como el mejor... Entonces cierras tu libro, lo aprietas fuerte y sonríes.

Tania M. Gandía González

# *El reto de la vida*

Día tras día, los golpes de la vida nos hacen probar lo amargo que puede llegar a ser una situación. A veces nos tropezamos tan fuerte que no sabemos cómo ponernos de pie nuevamente. Sin embargo, lo difícil, –muchas veces,– no es lo duro del golpe, sino cuántas veces nos sucede y cuán golpeados nos sentimos nosotros al respecto.

En la vida tropezaremos una y otra vez; a veces con la misma piedra y otras veces con piedras más grandes, pero está en nosotros continuar y retornar a nuestro camino. Somos nosotros los que decidimos por dónde y hacia dónde caminar. Y, no estamos exentos de sentirnos abrumados por las cosas que nos suceden, pero ¿qué hacemos al respecto? ¡Nada... quejas y tristezas únicamente nos acompañan! Y algunas de esas veces se nos olvida cómo levantarnos y continuar, perdemos el sentido de lucha que nos sirvió de impulso para haber llegado hasta aquí. "Solo sabrás cuán fuerte eres, cuando ser fuerte sea tu única opción", dice un popular refrán. Es por eso que, luego de una caída, al levantarte ves las cosas de otra manera, te das cuenta de que era necesario sentirte en el piso para poder apreciar más aún tus logros y, –de la misma manera,– recordar la humildad con la que llegaste al comienzo de tus sueños.

¿Rendirse es una opción? ¡Eso lo decides tú! Si el número de veces que caigas medirá cuán lejos llegarás, querrás caerte las veces que sea necesario. Pero, si el número de veces que te veas en el suelo decidirá el rendirte o continuar, no estás siendo valiente, luchador; mucho menos una persona fiel a sus sueños. Solo recuerda cuántas veces Jesús cayó camino a su crucifixión y date cuenta de que no se trata de caer sino de levantarte con una sonrisa y decidir continuar siendo el arquitecto de tu destino. La vida no te tiene que dar pruebas y señales para saber hacia dónde dirigirte; demuéstrale tú a la vida qué rumbo tomaste. Por más difícil que sea ponerte nuevamente de pie, ser más feliz aún y con más ganas de vivir solo depende de cómo veas las cosas. Piensa que la vida es un reto, ¿te atreves a vivirlo?

## *Un ser especial*

¿Sabes cuánta gente agradece tu presencia? Cada sonrisa que emana de tu boca provoca una recíproca; cada abrazo que das invita a parar el tiempo pues ofrece paz. Cada palabra de aliento que emerge de tus labios sumerge en una profunda tranquilidad, cada mensaje alegre que ofreces da felicidad y ánimo a cada ser que llega. Cada persona que tocas con tu luz, brilla con tan solo saber que te tiene a ti. Porque a veces no te das cuenta de cuánto efecto puedes tener en una persona, porque muchas veces pasas desapercibido y no notas cuán importante puedes llegar a ser para alguien y cuán indispensables llegan a ser esos detalles que te caracterizan. Porque eres alegría, paz, amor, dulzura, ternura, eres luz y alumbras al mundo. No dudes de la grandeza de tu ser, sino que compártela, agradécela y vívela.

## *Momentos...*

De momentos se basa la vida,
aunque a veces los dejemos pasar,
ahí es cuando hacia atrás miramos,
y quisiéramos el tiempo regresar.

Los momentos se construyen,
con cada gesto realizado,
una mirada, una caricia,
el compartir con tus seres amados.

Hay momentos en la vida,
en los cuales pareces solo andar,
y sin darte cuenta,
pierdes historia, pues no han de regresar.

Vive cada minuto, cada segundo,
cada momento que Dios te ha de brindar,
pues quizá sea el último amanecer,
que en tu vida vayas a apreciar.

Ama sin límites, siente sin límites, vive sin límites y así los momentos que la vida te regale, ¡no tendrán límites!

## *Balance*

La vida... un riesgo, un día, un mal momento, una caída, un dolor, una mano amiga, un "yo puedo", un seguir adelante, una sonrisa, un triunfo.

La vida... caer y levantarse, llorar y reír, amar y sufrir, creer y mentir, fracasar y triunfar. La vida es arriesgarse; es saber que puede doler, pero seguir; es dar cada paso con amor, con pasión, es creer sin ver, es valorar cada paso que das; cosas buenas, cosas malas, es confiar que todo estará bien.

La vida es compleja, es una incertidumbre que no se trata de entender sino de dejarse llevar por las veredas de un camino que día a día tú vas forjando. A veces encontramos "mala yerba", a veces corrientes de agua, a veces árboles tan fuertes como un flamboyán, como una ceiba; otras veces fango y charcos de agua que llevan días, así es la vida; encontramos gente buena, gente fuerte, algunas que te llevarán a la corriente llamada sociedad; quizá costumbre, a lo mejor reglas, unos quizá perdurarán toda una vida junto a ti, otros harán la acción del fango, en donde quizá estanquen tus ideas, tus sueños... Pero todo es parte de un balance, de un crecimiento, de un sentir que llamo esencia. La esencia de la vida es amar con el alma, creer con el corazón y actuar con pasión. Cada cosa que sucede, cada ser que tocas, cada día vivido... ámalo, agradécelo, vívelo, siéntelo. Mira quién eres hoy, mira quién fuiste ayer y contempla la idea de quién puedes ser mañana.

## *Huracán María*

Y entonces la vida se nos apretó. El viento nos llevó techos, las aguas fuera de sus ríos nos llevaron carros e inundaban nuestros hogares sin piedad. Los árboles nos defendían como leones, pero en una caza mortal para su supervivencia. Horas de agonía nos acompañaron en cada rincón de nuestra Isla. Fue entonces que nos dimos cuenta de que, –al acabar un huracán,– comenzaba una de las más fuertes historias que íbamos a contar a nuestros hijos y nietos... la pesadilla de estar incomunicados, una devastación sin prejuicios y un verdadero apagón con miles de heridos, sin comida ni agua potable.
Fue ahí cuando comenzó el "Puerto Rico Se Levanta".

Han pasado 31 días de una tragedia para miles de hermanos boricuas y aún nos bañamos a cubito, prendemos la linterna en las noches, nos acostamos a las 8 pm, nos despiertan el calor y los mosquitos.

¡Ay, María! ¡Todavía a 31 días te sigues llevando lo más valioso, mi gente!

Fueron días de incesante angustia y desesperación manifestadas, en muchas ocasiones, por revoluciones en el aeropuerto protagonizadas por damnificados que buscaban un respiro tomando un camino fuera del país. Los que sobrevivían en la Isla veían cosas no antes imaginadas, las filas eran de horas, la gente desesperada buscando gasolina y sacando efectivo; la tensión crecía cada segundo, así que había que poner orden. Fue así como llegaron cientos de tropas norteamericanas a socorrernos.

A pesar de todo, María nos trajo empatía, pues nos unimos, conocimos a nuestros vecinos, valoramos una mano sin celular, un vaso de agua bien frío y aprendimos 105 recetas de pollo de lata.

Y entonces, un 20 de septiembre de 2017 nunca será olvidado por los hijos del coquí. Digamos que María fue una sacudida merecida, un jamaqueón necesario para volver a nacer. Los árboles reverdecieron nuevamente, la gente volvió a ser gente.

## *Siente y vive*

Sonríe mientras te queden dientes...

Ama mientras te quede vida...

Vive mientras te duren los latidos...

Llora mientras te queden lágrimas...

Lucha mientras te queden ganas...

Trabaja mientras te queden fuerzas...

Porque mientras sonrías, ames, vivas, llores, luches, trabajes, irás creciendo en experiencias y cada día tendrás más historias que compondrán tu libro.

Procura que este tenga una locura que contar; tus miedos vencidos, tus torbellinos de amores, tus travesuras. Procura que se titule "Pasión", pasión por la vida. Y entre sus subtemas haya "intensidad", "desamor", "poesía" y el último capítulo sea "Amor". Porque del amor nacemos y por amor vivimos.

## *Porque...*

Porque a veces no sabes si llorar o reír,
porque a veces no conoces lo que en tu vida va a surgir.

Porque pueden ser pétalos nuevos,
o convertirte en flor marchita en desvelo.

Porque la vida extraña es,
a veces de amor; y otras, de rencor, suele ser.

Porque simplemente nunca la entenderemos,
algunos la perciben simple, otros compleja,
pero la vida es seguir tu camino, aunque algunos se alejan.

Porque en el andar creamos camino,
porque de un camino se basa la vida,
porque la vida es vivir,
porque vivir es sonreír, porque sonreír es amar; amar al que está,
porque el que estuvo ya se fue, porque muchos se alejaron y de
tu camino solo las huellas dejaron, porque cada huella simboliza
historia, porque muchas veces nos aferramos a esas historias, historias
que ya pasaron y no volverán, pero siguen en nuestro recuerdo,
en nuestro latir. Sin embargo, cada día creamos una historia, cada
segundo un compartir, porque la vida es solo ir y, al ir, ¡vivir!

*La magia de los pequeños detalles*

# *A ti*

Aquí estás nuevamente, en la penumbra de la noche, en la oscuridad,
y yo... haciéndote compañía.
Volteas la mirada, me esquivas como si pudieras verme...
Lamento decirte que solo puedes sentirme.
Te dispongo a mi antojo, te visito y me quedo, te hago temblar...
Te puedo acompañar en la multitud o en la soledad, no me tienes que
llamar para que llegue; de hecho, prefiero no ser invitado y darte la sorpresa.
Soy algo natural, hasta cierto punto, pero puedo ser tu peor enemigo.
Puedo hacerte dudar, llorar, cambiar de rumbo, cambiar de ideas...
Aquí estoy nuevamente, hablándote al oído, acompañándote un día más,
quizá deba dejarte; quizá te haya hecho mucho daño ya,
pero quizá debas retarme, enfrentarme, superarme...
Quizá ese día, no solo dejes de verme sino que también puedas
conocer a mis enemigos y volver a ser tú.

Att. El Miedo...

Tania M. Gandía González

# La naturaleza de San Luis Potosí, México

Aquí... en medio de la nada o en el centro de todo, donde se mezclan los colores, sabores y verdor que desborda las ansias de sentir. Aquí, en donde no hace falta el Internet, sino que existe esa conexión con la naturaleza, contigo mismo, con un mundo real... donde no hacen falta apariencias. Respira y déjate llevar a ese mundo íntegro de sensaciones diferentes que, solo alejándote de la realidad y del bullicio, se logra llegar. Entonces aquí estoy, respirando aire puro, queriendo sumergirme en los campos verdes y aguas azules, y solo cerrar mis ojos y respirar profundo... Aquí me encuentro con mi ser, conecto con mi alma y solo fluye el deseo de conquistar, de apreciar, de flotar. Aquí en donde un bohío me rodea, donde comparto una vista hacia el río, donde nos sentamos todos a la mesa, aquí... solo aquí... sin pensar, ¡DELICIA!

## *No solo se vive una vez*

No solo se vive una vez,
se vive a diario,
Pero se muere una vez,
en un solo instante.

No solo se vive una vez,
se vive entre momentos,
se vive con una sonrisa,
con una caricia.

No solo se vive una vez,
se vive en cada segundo,
en un abrazo de esos que te hacen sentir el latido del otro.

No solo se vive una vez,
se vive muchas veces,
entre cada suspiro, cada lágrima,
cada segundo que le da sentido y alegría a una
sensación a la que le llamo "vivir".

Es como vibrar entre las cuerdas de una guitarra,
es como alejarte de la realidad y dejar solo la esencia.

## *Equivocarse*

¡Tantas veces me equivoco! Me equivoco al escoger, al amar, al andar… Ocurre que la vida se basa en equivocarse, en caer, levantarse, aprender y volver a caer. Hoy pude haberme tropezado, pude haberme equivocado, pero se trata de seguir caminando y en el caminar aprender a que no todas las espinas son venenosas, que no todas las caídas te harán sangrar, que no toda agua es limpia, que no toda herida es mortal.

Sí, me equivoco, soy humano. Me equivoqué ayer, me equivoqué hoy y, posiblemente, mañana pueda volver a hacerlo, pero esa es la única manera en la que aprenderé de mis errores. Cabe mencionar que equivocarse es relativo, pues tus "equivocaciones" yo las podría ver de otra manera; podría decir que no fue una equivocación –quizá– porque fue una elección o quizá porque fue tu lección.

Si lo pensamos bien, nos equivocamos a diario, nos equivocamos al levantarnos y no darle gracias a Dios por un día más; nos equivocamos al pasar desapercibido un "buenos días", nos vuelve a ocurrir cuando dejamos de decirle a nuestros seres queridos, amigos y familiares lo mucho que los queremos, nos sigue ocurriendo cuando permitimos que el mundo nos enrede en la rutina. Más aún, nos ocurre cuando no damos nuestro máximo ante una situación, trabajo o ayudar al prójimo. Nos ocurre a diario, una y otra vez, cuando decidimos dejar de actuar con el corazón. Así que hoy propongo que seamos auténticos y que sigamos luchando paso a paso por enmendar nuestros errores y comenzar a aprender al equivocarnos.

# *Hoy*

Hoy quiero escribir con el alma,
esa que siempre me acompaña en silencio,
la que me acaricia en mi soledad,
la que me sacude en la penumbra.

Hoy quiero escribir,
y que no me quede nada por dentro,
¿acaso eso sería posible?
¿dejar de sentir por un momento?

Hoy quiero escribir,
para ver si mis pensamientos se encaminan,
aunque en realidad no quiero pensar,
solo dejar fluir a la vida.

Hoy quiero escribir,
también quiero caminar hacia el bosque,
irme de compras,
tomar una copa de vino,
y quizá tener una buena compañía...

Hoy quiero escribir,
pero ya lo he hecho antes,
es una mezcla de sensaciones,
liberaciones y ataduras,
que no sé por qué quiero escribir,
si aún escribiendo esto no quiere salir,
así que por hoy lo dejaré adentro.

## *La vida...*

La vida para mí
es un cofre de sorpresas,
donde hay que disfrutar las alegrías,
y aprender de las tristezas.

Es un tesoro escondido,
sin llave ni mapa;
es ir haciendo camino,
por donde no hay huellas marcadas.

La vida para mí,
es tan compleja y maravillosa...
es como entender,
cómo una oruga se convierte en mariposa.

Es una metamorfosis,
que gusta y lastima,
es como el sol que nos alumbra,
pero también nos quema.

Quisiera poder explicarte lo que es la vida,
pero eso solo lo experimentarás viviéndola,
pues cada persona tiene su mundo,
aunque quizá ahí radique el problema.

## *Todo va a estar bien*

Día a día me levanto pensando que todo va a estar bien. A pesar de las preocupaciones, a pesar de las tristezas, sé que todo va a estar bien. Cuando comienzo a preocuparme, me detengo y solo repito que todo estará bien. Porque así suele ser la vida, nos pone pruebas, nos presenta obstáculos, pero al final del día todo suele verse con más claridad.

Luego de la tormenta sale el sol; luego de un desamor llega la persona indicada, luego de una muerte nace otra vida, luego de una preocupación llegan buenas noticias, luego de los sacrificios llega la recompensa, porque al pasar los días, todo va mejorando. Porque simplemente todo va a estar bien. Hoy te levantas, te preocupas, te da estrés, te acompaña la desesperación y un poco de tristeza, pero solo recuerda que lo que te ocupa hoy, mañana será tu orgullo; lo que te aturde hoy, mañana será tu fortaleza para continuar. Solo trata de visualizarte en un par de meses. Detente y piénsalo. Acaso, ¿no todo va a estar bien? Si es así, no te preocupes; solo ocúpate de dar el máximo cada día, sonreír y respirar profundo para continuar. Deja todo en las manos de Dios y confía.

## *Abuela*

Hoy, luego de la tormenta siento paz. Hoy, a pesar de no visualizarme sin ese ser que me enseñó tanto, puedo saber que está en paz pues cumplió su misión en esta tierra. Hoy, a cientos de kilómetros de su cuerpo, una sensación de sosiego me invade porque sé que di todo el amor de una nieta y ella me dio todo el ejemplo de una abuela. Ella me enseñó que en la vida lo más importante y satisfactorio es estar en familia; me inculcó la unión, la perseverancia sin importar los obstáculos, la alegría sin importar los problemas, me enseñó tanto que no podría describir lo que siento al saber que no la tendré nunca más a mi lado. Cuando pienso en ella me lleno de regocijo pues solo imagino su sonrisa, diciéndome: "ay, Tania, estás bella, ¿cuándo vienes para Puerto Rico?". Recuerdo su alegría; simplemente la recuerdo como una dama, una mujer luchadora y definitivamente única. Gracias por darme tanto, fuiste y seguirás siendo un ejemplo en mi vida.

# *Destino*

La vida muchas veces toma un giro inesperado, se suele decir... Pero ¿realmente es inesperado? Cada día la vida simplemente va pasando a tu alrededor y con cada día también van pasando las vivencias, unas que muchas veces nos perdemos por estar ocultos en nuestro propio mundo, en donde solo vemos nuestros problemas, y mientras... ¡la vida sigue pasando!

Pero, ¿cómo podemos controlar lo que va pasando? Si sabemos que no todo se controla... Quizá no hay respuesta.
Sin embargo, mientras se nos va pasando la vida entre la rutina, los deberes y todo aquello con lo que rellenamos los minutos, el mundo sigue girando... Y con cada vuelta llegamos al mismo punto, así que vuelvo y me pregunto, ¿hasta qué punto es inesperada la vida? ¿Qué de inesperado tuvo aquel primer beso? Si siempre fuimos conscientes de que habría un primer beso... ¿Qué de inesperado tiene la muerte?, si, aunque no sabemos cómo, sabemos que todos llegaremos a ello.

Al pensar, solo me brota un suspiro, sí... quizá ese mismo suspiro cuando te besé o ese otro cuando sentí tu último respirar antes de ser mi ángel. Entonces, ¿controlo lo que sucede en mi vida? Pues quizá sí o quizá no. Primero pregúntate si está ocurriendo algo, ese es el momento que te detienes y dices, "¿es posible que no sienta que esté ocurriendo algo en mi vida?".

Me doy cuenta de que lo que está por pasar, pasará, y queda fuera de mi control muchas veces determinar cuándo y cómo ocurrirán las cosas. Y realmente me falta tiempo y ganas para preocuparme por esos detalles... Pero sé que, si puedo controlar este momento, puedo regalarlo al vacío y esperar por el que sigue; puedo decidir hacer este momento una inversión para el futuro, o puedo simplemente regalármelo, vivirlo y experimentarlo como me plazca.

Y es tan contradictorio pensar que no tenemos el control, que lo que esté por pasar, pasará, pero al mismo tiempo afirmar que controlo este momento...

Así que solo pensaré en que el futuro es incierto, pero el presente lo formo yo, lo vivo yo y lo decido yo. Así sería como una mezcla de que lo que esté por pasar pasará, pero al mismo tiempo soy yo la que controlo este momento. Es como un juego, pues todo lo que quieres pasará (o casi todo), pero a su debido tiempo. No te confundas, no te apresures... solo siéntelo. Acaso, ¿no te das cuenta de lo increíble que se hacen los recuerdos basados en momentos? Porque así es que funciona, nos lamentamos de lo que no hacemos, ¡pero queremos hacer tantas cosas! Pero piensa que en cada segundo se disuelve un pensar, un sentir. Mientras observas tu reloj, quizá alguien te observa... mientras piensas en querer vivir, hay mucha gente viviendo, o quizá muriendo en vida pues muchos dicen estar vivos, pero ni siquiera saben lo que se siente respirar profundo ante lo que llamamos "vivir".

*En colaboración con Geisla Zayas Santiago

*Adaptarse a los cambios*

## *Insomnio...*

No duermo, pero cuando lo hago,
me duermo entre tus pensamientos,
entre tus suspiros,
entre tus sueños.

No duermo, pero cuando lo logro,
me duermo en tu pecho,
me duermo en tu boca,
me duermo en tu ser.

No duermo, pero cuando lo practico,
me duermo en tu respirar,
me duermo en tu cama,
me duermo en ti.

No duermo, por eso sé que no existes,
porque aunque quisiera dormir contigo,
solo lo hago conmigo,
y aún así no duermo, solo sueño despierta, dormir contigo.

## *Querer, pero no hacer*

¿Por qué dudamos? ¿A qué le tenemos miedo? ¿Al fracaso?
¿Qué es fracasar? ¿Caerse en el intento o no intentarlo?
¿Alguna vez te has preguntado cuál es el límite? ¿Hasta dónde eres capaz de llegar? Ni siquiera tú conoces tus límites, pues quizá no existan límites ante tu trabajo. Quizá solo se trata de continuar y continuar hasta que, lo que un día fue difícil o complicado, luego se vuelva sencillo y comprendido.
¿Por qué lloras? ¿Por qué te ríes? ¿Es posible controlar tus ánimos? No nacimos sabiendo, no nacimos queriendo, no nacimos junto a alguien...
Queremos ser mejores sin hacerlo mejor; queremos que nos amen, sin saber amar; queremos disfrutar de los placeres sin disfrutar de los detalles; queremos ser grandes en la vida y nos conformamos con lo mínimo.
¿Irónico no crees? Querer, pero no hacer...
Vemos algunas cosas mal, pero no aprendemos por cabeza ajena...
Es como paradójico, incongruente, vergonzoso, chocante. Queremos vivir cuando estamos a punto de morir; mientras pasan los instantes llenos de vida que se nos hace ajena por tener los ojos ocupados en pequeñeces que nos empolvan las pasiones y nos cunden de miedos.

## *Hay que saborearse la vida...*

Saborearse un buen helado de parcha o de coco, o de los famosos de Lares. Hay que saborearse las playas... ¡ufff! Flamenco, Playa Sucia. Hay que saborearse el amor y el desamor, saborearse lo que se te presente. Un buen chocolate, o quizá unas cosquillas de esas que tanto odias. Hay que saborearse el momento, ese que se va creando; saborearse un vino tinto, un buen ron, charlas hasta la madrugada. Hay que saborearse la cama, las frisas, esas que cuentan historias que no te dejan dormir. Saborearse los besos y los abrazos, esos que pides más. Saborearse las ganas, las películas que te hacen reír y llorar, la música que te hace revivir momentos, la poesía que te hace suspirar. Saborearse la lluvia, el caminar, un buen bosque, los ríos, la luna. Hay que saborearse todo lo que tenemos y lo que no tenemos también; saborearse un buen café mañanero, un rico almuerzo de la abuela, un buen libro, un "buenos días" de un extraño y un "buenas noches" de tus papás. Hay que saborearse una buena alcapurria de Piñones, un aplauso en el avión, un coco bien frío y un buen pitorro en navidades. Hay que saborearse el presente, los sabores, olores, el tacto. Hay que saborearse la vida. Mientras más te la saborees, más la sentirás y tendrás un nuevo vicio, ¡vivir!

# *Un amigo*

Un amigo es alguien que siempre está ahí, que te apoya, que te regaña que, –aunque a veces no te entiende, – no deja de acompañarte por las veredas de la vida. Un amigo ríe, se enoja y llora contigo; te hace pasar vergüenzas, te relaja y puede hablar de todo contigo. Te mira mal si no estudias, te lleva antojos en momentos tristes, te hace chistes para sacarte una sonrisa y te ofrece un abrazo a cualquier hora del día.

Un amigo, extraña no saber de ti en un par de horas y, aunque no siempre te escribe, te lleva presente cada minuto en su corazón. Un amigo camina contigo algunos pasos en tu vida y aporta de una manera especial, va creciendo contigo y muchas veces te enseña. Te hace comprender que la vida es dura, pero que con su compañía todo es más ameno. Hay amigos que suelen escribirse a diario; otros, una vez al mes y otros simplemente se escriben muy poco, pero lo que tienen en común es que cada uno de ellos guarda un espacio en su corazón para orar por ti, para pensar en ti y para contar contigo.

Algunos amigos duran años y otros toda una vida, pero cada uno llega a ocupar un espacio importante. Siempre guarda ese recuerdo invaluable, porque la amistad va mucho más allá de hablar con alguien; hay momentos hermosos en ella y hay otros tristes. Hay veces que te enfadas, pero al final el verdadero amigo regresa y pide perdón. En una amistad se llega a amar porque harías todo por ese amigo. Un amigo es un ángel, una bendición, alguien a quien se debe valorar, quien te puede guiar y a quien puedes ayudar. Un amigo es alguien que se alegra con tus logros, que te alegra en tus tristezas, que divide la carga de tus problemas y multiplica el amor que te hace falta.

## *Las etapas de la vida*

Desde que nacemos, comenzamos a soñar en grande. Soñamos algún día crecer y ser grandes para hacer las cosas que cuando pequeños no podemos. Luego crecemos y queremos retroceder el tiempo porque nos damos cuenta de que ser niños es mucho más divertido. Cuando somos jóvenes, queremos ser mayores de edad para poder tener más responsabilidades, creemos saberlo todo. Al ser adultos, queremos trabajar para tener dinero y poder viajar por el mundo. Cuando trabajamos, decimos que queremos ser jóvenes porque esa era la mejor etapa.

En fin, de niños queremos ser grandes y de grandes, niños. Esto tiene un solo significado... la vida se basa en etapas, experiencias, cada una irrepetible, inigualable, pero muy necesaria y especial. No te apresures por pasar una etapa, ni te dé nostalgia por alguna que ya pasaste, pues simplemente así es la vida. Por eso hay que aprovechar y vivir cada una al máximo, hay que disfrutarse cada segundo, cada año. Quizá para algunos una etapa es mejor que otra, pero eso es relativo, pues cada una de ellas tiene su encanto y magia. Y no podemos sentirnos satisfechos o felices si no las vivimos todas. Lo más espectacular debe ser llegar a tu última etapa y poder visualizar todo lo que lograste, lo que realizaste, a quién impactaste en tu vida y quiénes impactaron la tuya. Simplemente dar tu último suspiro con una sonrisa sabiendo que viviste tu vida con una intensidad que solo pocos llegan a sentir. Fíjate en los detalles, muchas veces estos son los que te hacen suspirar en vez de únicamente respirar.

## *El tesoro de la naturaleza*

Entre la naturaleza y el viento,
si nos sobrara un momento,
para detenernos y admirar,
cómo fluye el aire,
cómo canta el ave,
lo que se siente respirar.

Entre verdes montañas,
un rico aroma suele surgir,
como el ave al nido,
y como un león suele rugir,
así debemos aprender nosotros a vivir.

¿Cuánto pasa desapercibido?
¿Cómo el ser humano ignora tanta belleza?
¿Acaso no ven lo hermoso de nuestros campos,
o ya perdimos esa gracia de admiración?

Cuando el mar sea solo arena,
y los campos solo tierra,
nos daremos cuenta del tesoro,
¡que nos regalaba la naturaleza!

## *El tiempo corre como corren las aguas de un río...*

Los años pasan, la vida golpea, las arrugas visitan tu rostro, la satisfacción parece florecer. Llegas a conocer placeres exquisitos, a superar miedos inimaginables, a conocer la soledad, a entender el silencio, a valorar un abrazo, a ofrecer siempre una sonrisa. Al voltear la mirada y recorrer mi pasado, un profundo sentimiento invade mi corazón; entre melancolía y alegría suelen unas lágrimas caer sobre mi mejilla, el saber que esos días a mi vida no volverán, esos días de alegría cuando de niña solía jugar. ¡Tan bonito que es recordar las hermosas experiencias de mi infancia! Me detengo y memorias comienzan a llegar, carcajadas, halones de pelo entre hermanos, miradas serias de los papás poniendo orden, travesuras entre primos. Caminar por el campo, correr bajo la lluvia, sentarnos en la mesa todos a comer.

Los años pasan, como cuando una rosa pasa de ser capullo a una hermosa flor, es un proceso de crecimiento como de oruga a mariposa, donde abres tus alas y comienzas al mundo conquistar. Con la misma belleza una niña se convierte en princesa y un niño en caballero. Así mismo de pequeños adolescentes nos convertimos en seres humanos profesionales, luchadores de nuestros sueños y forjadores de nuestro destino. Ya no se trata de que mamá nos cruce la calle de la mano, sino que llegarán los días en que la cuidarás a ella.

Son tantos los recuerdos que de mi infancia he de guardar que faltarían palabras para poderles explicar, no importan los años ni los días que han de pasar, la vida es un regalo el cual hay que valorar. Mira hacia atrás y sonríe por todas las cosas que pudiste apreciar, ahora fija tu mirada hacia el presente y mira hasta dónde has podido llegar. Ya no eres niña sino mujer y aún te falta por madurar pues muchos años nos quedan por aventurar y, aunque con tristeza, algunos a un mejor lugar se han de marchar, tu vida continúa y a tu familia has de apoyar, para que en un futuro hacia atrás vuelvas a mirar y puedas sonreír con orgullo antes de que tu último suspiro nos puedas regalar.

# *Juventud*

Nos falta tanto por crecer, por aprender, por madurar y al mismo tiempo permanecer jóvenes, como niños.
Nos falta tanto por conocer, por entender, ¡por vivir!
Nos falta tanto por hacer, por sentir, por enseñar.
Nos falta compasión, bondad, ganas.
Nos sobran excusas, palabras, ideas.
Nos falta carácter, organización, liderazgo.
¡Nos sobra una vida!
Nos sobra la crítica y nos falta la acción, nos falta confianza en el ser humano, carisma, disciplina, educación. Aportemos en el día a día.
Ve tus defectos y ayuda a los demás, en vez de ver los defectos de los demás y ayudarte a ti mismo.
Estamos en este mundo para servir...
"Sobrevivimos con lo que tenemos,
pero vivimos realmente con lo que damos".

*Una tarde de invierno...*

## *El trance: entre la vida y la muerte*

Gracias vida por haberme dado tanto. Aunque no te vuelva a ver, aquí te dejo algunas letras. Espero que continúes tu jornada y en ella sigas brindando tanto, pues de ti aprendí que cada día termina, pero que probablemente otro llega, aprendí que hay lágrimas de tristeza, pero también de alegría; aprendí que un día lluvioso también se puede aclarar, porque luego de la tormenta el sol vuelve a iluminar.

Aprendí que a veces te pones egoísta y solo permites que las cosas se den a tu manera; aprendí que hay que luchar para tener lo que se quiere, que hacen falta días para vivir. Me enseñaste el verdor de los campos, el azul del océano, el cantar de las aves, el rugir de las fieras. Me enseñaste tanto que no podría terminar de agradecerte, pues una sola vida no me bastaría para describir lo que se siente. Porque eso también me enseñaste, el sufrir de la humanidad y el reír de algunos pocos. Me hiciste ver cosas que aún no sé cómo expresarlas; es por eso que me quedo con las ganas de seguir viviendo, necesito conocer más, necesito sentir más, pues aún con todo lo que me regalaste, la intensidad se hace pequeña comparada a todo lo que existe. Pues en ti existe toda una gama, ya sea de personas, de ambiente, de flora y fauna que aún no conozco.

Así que regálame más, sáciame con tu locura, hazme llegar a ese máximo esplendor de tu belleza; belleza real, hazme llegar a tu esencia. Vida no me dejes así, no me hagas más sufrir, vete ahora o dame un poco más de ti. Hay tanto que quise de ti aprender que ahora me faltan los días para con tus delicias enloquecer. Una vez más te agradezco todo lo que has hecho por mí; por esos días buenos y esos que solo en la oscuridad quise permanecer. Cada uno de ellos me hizo crecer, ver ciertas cosas que no todos llegan a ver, así que no te juzgo, no te culpo, pues de ti me pude enriquecer.

A veces me lastimaste por las vueltas que me hiciste dar, pero para qué echarte a ti la culpa, si quizá fue el ser humano que una piedra me quiso colocar. Así que aquí te reitero que siempre fuiste única, especial, quizá no tan íntegra por otros comportamientos copiar, pero sin duda fue un placer tenerte todo este tiempo. No te pertenezco y mucho menos tú a mí, pero es tanto lo que aprendí que quisiera seguir conociéndote. No me queda más que decir, que te extrañaré, hoy, mañana y siempre. Fue un placer tenerte entre mi piel y mis memorias. Ahora sí me entrego a ti, muerte, más que con amor, con pasión, te escribe tu aprendiz, un ser de carne y hueso.

## *Fuera de mis manos*

¿Alguna vez te ha sucedido que te sientes impotente ante una situación? Quizá algo a lo que le temes, quizá algo inesperado, algo que no entiendes o simplemente algo que sabes que no puedes controlar. ¿Alguna vez te has sentido frustrado, triste o desconsolado frente a la vida? ¿Han pasado cosas que te han descarrilado, erizado la piel o te han hecho dudar? ¡Wow!, es una sensación inexplicable, dolorosa, difícil. Ocurre que en ocasiones no podemos hacer nada frente a una situación, una situación que quisiéramos cambiar, pero la realidad es que es imposible hacer algo al respecto. Entonces, ¿qué se hace? ¿Solo esperar? ¿Sonreír y continuar nuestra vida? ¡Necesito que me digas, te suplico que me ayudes a entender... a tranquilizarme... a continuar! Solo te pido una respuesta, algo que me ayude a comprender, algo que me devuelva la esencia, sabiendo que no puedo hacer nada cuando lo quisiera hacer todo. Algo que me ayude a mantenerme viva, aunque daría mi vida por cambiar ese evento en el destino.

## *Ironías...*

Ironías de la vida es temerle a la muerte, pero también a la vida.
Ironía es temerle a los cambios y al mismo tiempo a la rutina.

Ironías de la vida es amar la soltería,
pero al mismo tiempo desear encontrar a alguien.

Ironías que suceden y nunca entenderé,
pues mientras más las piensas más irónicas se vuelven.

¿Cómo es posible que un día te amen y con el tiempo te odien?
Ironía que quien más te da la fuerza, más te debilita.
Quizá todo se resume en dos palabras... "ser humano":
incomprensible, pensante e ignorante, amigo y enemigo.
¿Somos o no somos lo que alguna vez soñamos ser?

## *Vivir la vida*

Porque la vida hay que disfrutarla, aprovecharla... agradecerla. Porque llegamos a este mundo con un propósito. Porque tenemos metas. Porque día a día nos levantamos y nos sentimos bien de tener a un ser amado. Porque un mensaje te puede arreglar el día. Porque una sonrisa es lo que a veces necesitas para también sonreír. Porque, aunque un abrazo muchas veces te hace llorar, es lo que cualquier persona pide a gritos cuando se siente triste. Porque dormir junto al pecho de tu madre o pareja es vida. Porque la vida la escogemos vivir a nuestra manera. Porque a veces nuestra manera no es la mejor, en cambio otras veces la vivimos plena. Porque la plenitud no se mide, se siente. Porque el sentir depende de cuánto te entregaste. Porque entregarse muchas veces te hace aprender. Porque aprender es un derecho y una virtud. Porque de virtudes se basa el ser humano. Porque el ser humano sufre y ama. Porque el ser humano necesita amor. Porque del amor nace la vida. Porque la vida se vive, no se sobrevive.

## *El tiempo pasa*

El tiempo pasa,
y no es en vano,
cuánto sufrimos,
¡pero cuánto amamos!

El tiempo pasa,
y se lleva miles de recuerdos,
entre ellos unos negativos,
pero otros quisiera retenerlos.

El tiempo pasa,
la vida me sacude,
me hace recordar que no es un sueño,
sino una realidad sin vuelta atrás.

El tiempo pasa,
qué bien se siente vivir,
hay cosas maravillosas,
y otras que se hacen imprescindibles sentir.

El tiempo pasa,
cada minuto se desvanece,
mira hacia atrás,
y un cortometraje de tu vida aparece.

El tiempo pasa,
te guste o no te guste,
a veces para probar un amargo tequila,
otras veces para que un buen vino degustes.

El tiempo pasa,
la soledad te arropa,
o quizá una buena compañía,
hace que hasta te quite la ropa.

El tiempo pasa,
tenlo siempre presente,
así sea para olvidar un mal momento,
o para que cada segundo cuente.

El tiempo pasa,
llénate de vida,
haz que cada cosa que sientas,
no pase desapercibida.

El tiempo pasa,
y aquí me encuentro escribiendo,
pues quiero que, aunque pase,
deje el legado de mis pensamientos.

## *¿Conformarse o no conformarse?*

Siempre escuchamos hablar de conformarse o no conformarse. Le huimos a la rutina, nos alardeamos de lo que hacemos o queremos hacer, sin darnos cuenta de que no hacemos nada. Siempre decimos que no nos conformamos con cualquier cosa, pero acaso ¿lo has pensado bien? Cuando lo pienso me doy cuenta de que nos pasamos la vida huyendo de algo que se convirtió en parte de nosotros; no nos gusta la rutina, pero hacemos lo mismo todos los días, o todas las navidades o en el tiempo libre. No nos conformamos, pero, cuéntame, ¿qué haces para no conformarte con menos? ¿Acaso haces lo mejor en cada cosa que haces? ¿Te esmeras en la cocina? ¿Sientes cada cosa que vives? En tu trabajo o tus estudios, ¿das tu máximo? ¡Wow!, que difícil cuando se convierte en práctica, cuando se acaban las ganas o quizá solo necesitas un tiempo libre... Qué difícil cuando las cosas no van bien y tienes que pensar con tu corazón porque tu mente solo quiere apagarse, así que le toca al corazón salir a flote y sentir en sus entrañas que todo saldrá bien. Qué difícil es no ver el final y tener que seguir trabajando sin resultados; supongo que ahí es que se diferencian los valientes y perseverantes de los cobardes. ¡Así que es el momento de tomar tu decisión, es ahora o nunca!

## *Más allá de la meta, hay un camino*

A veces vamos tan de prisa por nuestra vida que no nos damos cuenta
de lo que va aconteciendo realmente.
A veces nos enfocamos tan ciegamente en nuestras "metas"
que perdemos el sentido, ignoramos lo debido, no disfrutamos el camino.
A veces se nos olvida que la vida se basa no solo en las metas que consigas,
sino en el camino que recorres mientras llegas a ellas.
A veces pasamos desapercibidos todos esos momentos que nos forjaron
como seres humanos, con nuestras virtudes
y defectos, fortalezas y debilidades.
A veces pasamos desapercibidas tantas cosas,
olvidando que esos días ya no volverán.
Así que hoy entre este umbral de letras quisiera decirte... que a veces hay
que abrir los ojos para observar y no solo para ver; poder escuchar y no solo
oír, abrir tu mente para entender y no para criticar, apreciar el recorrido.
Porque es en este camino en el que aprenderemos, porque ya en la meta
todos celebraremos y no recordaremos que el "a veces" se volvió un ayer.

# *COVID-19*

¿Cuándo podré volver a abrazarte? Me preguntaba mientras caía la noche...
¿Cuándo podré volver a abrazar a mis sobrinas, padres, demás familiares y amigos?
El Covid-19 llegó a nuestra vida y le dio un giro de 180 grados en un abrir y cerrar de ojos, sin aviso.
Una mascarilla se hizo parte de la vestimenta y el miedo de salir se hizo parte de nuestro diario vivir.
El virus nos ha hecho reflexionar, nos ha hecho ver lo que realmente era importante en la vida: la salud, la familia, el tiempo. Ese enemigo pausó nuestras salidas, nuestras visitas a familiares, a la playa; pero también duplicó el trabajo en los hospitales, donde al principio, –con miedo,– la gente se acercaba para ser atendido. Luego vimos cientos de muertes por este virus. Una vestimenta incómoda nos acompañaba a quienes laboramos en instituciones hospitalarias, mientras que confiábamos en que era lo suficiente para no llegar a casa infectado.

Se detuvo el mundo, se detuvieron los viajes, los planes, la gente, la vida... Y aquí estamos nuevamente, reinventándonos, llamándonos por "facetime" y haciendo reuniones por "zoom" para no perder el contacto con el ser humano.

Cuando todo acabe... ¿ya nos habremos acostumbrado a la soledad? ¿A la distancia?

## *Días oscuros, intensos...*

Ya no es lo mismo llegar al hospital. Un guardia de seguridad es ahora quien me da la bienvenida, me toma la temperatura y me ofrece el desinfectante para, finalmente, darme el visto bueno para comenzar cada jornada.

Inicio la rotación en sala de emergencias. Allí me corresponde entrevistar a los pacientes. "Doctora, tengo fiebre, dolor de garganta y dificultad respiratoria", escucho decir a varios de ellos en repetidas ocasiones. Los síntomas me estremecen. Solo yo tengo claro que es necesario activar el protocolo del COVID-19. Ese que te aleja de todo y de todos. Padres separados de sus hijos, ancianos separados de los suyos con la terrible incertidumbre que supone el mortal virus. Es la posibilidad de pasar los últimos días en soledad y eso me estremece.

La sala de pronto se llena sin control. Muchos con el miedo reflejado en sus rostros. Yo también siento temor. Me detengo. Me asomo a mirar a lo lejos a cada uno de los pacientes en espera. Escucho cuando comentan entre sí sobre sus condiciones crónicas y cómo han evitado por días la visita al hospital por el terror que les provoca el virus.

Entonces, en medio de la sala se escucha: "clave verde, clave verde" por los altavoces de todo el hospital. Un paciente que vino por dolor de pecho, entra en un paro cardiorespiratorio. Gran parte del personal de sala de emergencias corre hacia él y comienza el protocolo de CPR, en donde intentas con todas tus ganas traer de la muerte a ese corazón que dejó de latir. Logras entubar correctamente al paciente y, con tan solo dos epinefrinas, comienza a responder. Respiro profundo agradecida de poder haber salvado una vida.

Poco tiempo después, vuelvo a lo que dejé en pausa, los pacientes contagiados con el coronavirus. Esta vez me corresponde pasar visita por el "COVID Ward". Pero antes, debo cumplir con el protocolo para protegerme: me pongo la envestidura, me cubro por completo... mis latidos, inevitablemente, se aceleran y mi respiración se dificulta por la mascarilla N95. Comienza la ronda, veo múltiples pacientes entubados, algunos conscientes y bastante estables, todos solos y asustados. Hago lo mejor posible, aunque no importa lo que haga, las estadísticas no apuntan a mi favor ni al de mis colegas.

"Es duro estar aquí solo", me dice un paciente mientras examino sus pulmones. Lo miro, sostengo su mano y le hablo de su mejoría, mientras él se voltea a buscar entre sus pertenencias su celular para llamar a sus seres queridos. En mi mente me digo: "aguanta, no llores, este paciente es uno de los afortunados que probablemente saldrán de esta". Pues, aunque lamentable, la realidad es que a muchos de ellos los mantiene vivos un tubo conectado a un ventilador. A los pacientes que están alertas y conscientes los aterra la soledad, la incertidumbre, el ver que todo el personal que se acerca está vestido de una manera que solo veían en películas. Es más, cosas tan simples como desinfectar las pertenencias, resulta conmovedor para todos pues es el recordatorio del enemigo que nos invade.

Veo a lo lejos al personal de enfermería acercarse a un paciente para entregarle sus pertenencias. No es un familiar, como esperaba el paciente. Su rostro refleja tristeza; el mismo sentimiento me invade. Es inevitable.

Termina el turno. Al llegar a casa, me baño en desinfectante, me quito todo, me ducho y, con miedo, saludo a mi familia. Llega el momento de tomar un respiro tarde en la noche. Agradezco que estoy viva, pero la frustración y el cansancio se apoderan de mí. Lloro sin consuelo ante la impotencia de no poder controlar este virus. Ya es hora de dormir. En pocas horas comienza la batalla de un nuevo día y allí estaré para enfrentarla con valor.

...

… Y cuando pensé que todo había terminado, comenzó una nueva historia. Porque cada final es un principio y cada principio tendrá su final. Así que comencé a reanudarme, a reformarme y así todo volvió a surgir. Como surge el primer llanto del recién nacido, como surge el primer beso entre un par de extraños jugando a conocerse.